BEI GRIN MACHT SICH IHR
WISSEN BEZAHLT

- Wir veröffentlichen Ihre Hausarbeit,
  Bachelor- und Masterarbeit

- Ihr eigenes eBook und Buch -
  weltweit in allen wichtigen Shops

- Verdienen Sie an jedem Verkauf

Jetzt bei www.GRIN.com hochladen
und kostenlos publizieren

Die menschliche und göttliche Natur Jesu. Behandlung aus dogmatischer Sicht der ersten vier ökumenischen Konzilien

Martin Heipertz

Bibliografische Information der Deutschen Nationalbibliothek:

Die Deutsche Nationalbibliothek verzeichnet diese Publikation in der Deutschen Nationalbibliografie; detaillierte bibliografische Daten sind im Internet über http://dnb.d-nb.de abrufbar.

ISBN: 9783346579515
Dieses Buch ist auch als E-Book erhältlich.

Druck und Bindung: Books on Demand GmbH, Norderstedt Germany
Gedruckt auf säurefreiem Papier aus verantwortungsvollen Quellen

Das vorliegende Werk wurde sorgfältig erarbeitet. Dennoch übernehmen Autoren und Verlag für die Richtigkeit von Angaben, Hinweisen, Links und Ratschlägen sowie eventuelle Druckfehler keine Haftung.

Das Buch bei GRIN: https://www.grin.com/document/1167979

Dr. Martin Heipertz

Jesus – wahrer Mensch und wahrer Gott

Behandlung aus dogmatischer Sicht der ersten vier ökumenischen Konzilien

Inhalt

A Einleitung

Die Theologie ist außerstande, einen logisch zwingenden Beweis zugunsten der Trinität zu führen. Dieselbe ist und bleibt ein absolutes Geheimnis, das der menschliche Geist nicht abschließend durchdringen kann, ohne im Glauben zu irren, wie Thomas von Aquin festhält: *„Qui [...] probare nititur Trinitatem personarum naturali ratione, fidei [...] derogat."*[1] Andererseits steht kein Satz der Logik der Möglichkeit der Trinität positiv entgegen.

Wer es unternimmt, die Trinität mit den Regeln des Syllogismus zu bestreiten, erliegt unweigerlich dem grundlegenden Beweisfehler der *quaternio terminorum*, denn dem Begriff dreier Gottpersonen in einer Gottnatur ist kein innerer Widerspruch nachweisbar.[2]

Um die beiden zentralen Begriffe der Natur und der Person dreht sich das gesamte Geheimnis der Trinität. Im physischen Kontext fallen Natur und Person in eins zusammen: Jede vernunftbegabte Natur ist *eo ipso* auch Person. Diese dem Menschen geläufige Erfahrung hat jedoch keinen Anspruch auf metaphysische Geltung. Vielmehr beinhaltet die christliche Offenbarung eine göttliche Natur in drei Personen und auch umgekehrt zwei Naturen, nämlich die göttliche und die menschliche, in der zweiten der drei Personen bzw. Hypostasen.

Die tiefste, dem irdischen Menschen überhaupt mögliche Versenkung in die Glaubenswahrheit der Dreifaltigkeit ist allein der Mystik vorbehalten, so, um nur zwei Beispiele zu nennen, die Hl. Theresia von Avila oder Mechthild von Magdeburg, welche bezeugt: *„So sihet sú einen ganzen got in driû personen und bekenet die drie personen in eime gotte vngeteilet."*[3] Jede theologisch-rationale Auseinandersetzung mit diesem Thema ist gut beraten, erst zu glauben und dann zu forschen.

Dabei aber ist es überaus aufschlussreich, sich mit den trinitarischen Irrlehren zu beschäftigen, welche die ersten Jahrhunderte der Kirchengeschichte mit gewaltigen Erschütterungen und Stürmen überzogen haben. Es gibt keine Art des Abfalls vom *depositum fidei*, zumindest in diesem Zusammenhang, die nicht in der frühen Phase des Christentums bereits vorgekommen und widerlegt worden wäre, und fast jede zeitgenössische Verwirrung ist nichts anderes als eine alte Häresie

---

[1] Hl. Thomas von Aquin, Summa Theologica, Volumen Primum, Rom (Italici Senatus), 1886, 269.
[2] Vgl. Joseph Pohle / Michael Gierens, Lehrbuch der Dogmatik, I. Band, Paderborn (Schöningh), 9, 1936, 381.
[3] Gall Morel, Offenbarungen der Schwester Mechthild von Magdeburg, Darmstadt (Wissenschaftliche Buchgesellschaft), 1980, 4.

im neuen Gewand.

Dagegen erhebt sich das zeitlose dogmatische Lehrgebäude des Glaubens auf dem Fundament jener hart errungenen Einsichten, Klarstellungen und Verwerfungen, die in den glasklaren und für immer verbindlichen Formulierungen der vier ökumenischen Konzilien von Nizäa (325), Konstantinopel (381), Ephesus (431) und Chalkedon (451) gipfeln. Es ist bleibende Aufgabe der Theologie im allgemeinen und der Dogmatik im besonderen, die vernunftgemäße Wahrheit dieses Glaubensgutes immer wieder neu gegen die Anwürfe der jeweiligen Zeit zu verteidigen und somit auch für die nachfolgenden Generationen zu bewahren, wie es die Tradition für uns geleistet hat.

B   Hauptteil

Dreh- und Angelpunkt des trinitarischen Dogmas ist die Christologie. Am Ursprung des christlichen Glaubens steht die historische Gestalt Jesus von Nazareth, und die Kernaussage dieses Glaubens besagt: „Gott hat in seiner Güte und Weisheit beschlossen, sich selbst zu offenbaren und das Geheimnis seines Willens kundzutun (vgl. Eph 1,9): daß die Menschen durch Christus, das fleischgewordene Wort, im Heiligen Geist Zugang zum Vater haben und teilhaftig werden der göttlichen Natur (vgl. Eph 2,18; 2 Petr 1,4)."[4]

Im Leben und Sterben sowie in der Auferstehung und Himmelfahrt Jesu Christi offenbart sich Gott in menschlicher Gestalt, und durch den Gottessohn, mit ihm und in ihm als Mittler, erkennt der Gläubige den Vater sowie, in der innertrinitarischen Beziehung reinster Liebe, auch den Geist.[5]

Wahrer Gott und wahrer Mensch – die gleichberechtigte Verbindung dieser beiden Naturen in der zweiten göttlichen Person umreißt den gedanklich so dramatischen Kern des christologischen Dogmas. Dieses wird im Folgenden für jede der beiden Naturen kursorisch dargelegt und mit jeweils einer exemplarischen Häresie konfrontiert, um darzulegen, welche abschließende und verbindliche Lehrentscheidung das unfehlbare Lehramt der Kirche im dritten und vierten Jahrhundert ein für alle Mal getroffen hat.

---

[4] Dogmatische Konstitution über die göttliche Offenbarung „Dei Verbum", in: Karl Rahner / Herbert Vorgrimler, Kleines Konzilskompendium, Freiburg (Herder), 23, 1991, 367.
[5] Vgl. Gerhard Ludwig Müller, Katholische Dogmatik, Freiburg (Herder), 8, 2010, 255.

1 Die menschliche Natur Jesu Christi

1.1 Das soteriologische Dogma

Vereinfachend kann man die patristische Denkrichtung, welche die menschliche Natur Jesu Christi verstärkt in den Blick nimmt, als antiochenische Schule bezeichnen, die das sogenannte „Logos-anthropos-Schema" vertritt: Die zweite göttliche Person, der johanneische Logos (Joh 1,1), ist ganz und gar Mensch geworden mit Leib, Seele und Vernunft.[6]

Es ist das berechtigte Anliegen der Jesulogie, den historischen Jesus für unsere Zeit greifbar zu machen, dessen Charisma sowie Engagement für die Armen und Entrechteten auch auf viele Heiden eine erhebliche Attraktivität ausstrahlen.[7] Für die dogmatische Betrachtung jedoch ist zentral, dass Gott in Jesus ein wirklicher Mensch wird, um gleichsam auf Augenhöhe und unter Seinesgleichen, als Freund und Bruder, mit jedem von uns zu verkehren. Er nimmt das Menschsein in sämtlichen Aspekten an als einer, „der in allem wie wir in Versuchung geführt worden ist, aber nicht gesündigt hat" (Hebr 4,15).

Durch das Ausmaß seines Gehorsams „bis zum Tod am Kreuz" (Phil 2,8) ist er nicht nur wahrer Mensch, sondern auch vollkommener Mensch. Im platonischen Sinne ist Jesus also das Idealbild eines Menschen, und so ist auch zu verstehen, was Johannes über ihn schreibt: „Wenn man alles aufschreiben wollte, so könnte […] die ganze Welt die Bücher nicht fassen, die man schreiben müsste." (Joh 21,15)

Das weihnachtliche Wunder, das mit der Verkündigung des Herrn beginnt und sich in Bethlehem mit Jesu Geburt vollendet (und das sich durch jede eucharistische Wandlung in nichtmenschlicher Gestalt auf unseren Altären wiederholt), ist nicht weniger als die menschliche Inkarnation Gottes. Im Menschen Jesus teilt Gott sich unverhüllt mit, der sich im alten Bund nur verhüllt offenbart hat; sei es als Engel (Gn 16,7 ff.; Gn 18,1 ff.), den die Propheten explizit auf den zukünftigen Messias beziehen (Jes 9,6; Mal 3,1), als Wolkensäule (Ex 13,21) oder bspw. im brennenden Dornbusch (Ex 3,2).[8]

In Jesus Christus hat die zweite göttliche Person auf Entsendung durch den Vater hin und zu unserer Rettung menschliche Gestalt aus Fleisch und Blut angenommen. Nicht umsonst gipfelt die fromme Verehrung dieser durch uns

---

[6] Vgl. Florian Bruckmann, Das Bekenntnis zu Christus im Kontext des Trinitätsglaubens (Lehrbrief 11), Würzburg, 2017, 22.
[7] Vgl. Bruckmann, Lehrbrief, 10.
[8] Vgl. Pohle / Gierens, Lehrbuch, 305.

unverdienten Heilstat Gottes in der hohen Wertschätzung des heiligsten Herzens Jesu, seines Namens, seiner Seele und seines kostbaren Blutes – eine Verehrung, die als Volkstümelei zu missachten einer Geringschätzung der darin ausgedrückten Glaubenswahrheit gleichkommt:

„Wir glauben an den einen Gott [...] und an den einen Herrn Jesus Christus, Gottes einziggeborenen Sohn [...] der wegen uns Menschen und um unseres Heiles willen aus den Himmeln herabgestiegen und Fleisch geworden ist [...]"[9] – ganz, wie es das Logos-anthropos-Schema besagt.

1.2 Die Überbetonung der Menschlichkeit Jesu Christi am Beispiel der Häresie des dynamischen Monarchianismus

Wenn man das Augenmerk aber ausschließlich auf diesen menschlichen Aspekt legt und den göttlichen verschweigt oder gar leugnet, gelangt man zur uralten Häresie des dynamischen Monarchianismus, die auch in heutiger Zeit zahlreiche Anhänger findet, bspw. in Form des historischen Romans „Ein Mensch namens Jesus" von Gérald Messadié unter tendenziöser Verwendung der Qumran-Forschung.

Monarchianismus, von μον-αρχία = Einherrschaft, ist ursprünglich ein bereits vorchristlicher Terminus für Monotheismus.[10] Als Irrlehre gerät er insbesondere mit dem johanneischen Logos-Begriff in Konflikt. In seiner reinsten Ausprägung steigert er sich bis hin zur lehramtlich bereits 268 verurteilten Aussage eines Paulos von Samosata (seit ca. 260 Bischof von Antiocheia), dass Jesus Christus nur und ausschließlich Mensch gewesen sei.[11] Diese sogenannte dynamische Form des Monarchianismus lässt nur den Vater als wahren Gott gelten, die göttliche Natur Jesu Christi hingegen bestenfalls herabsinken zu einer Art von „Kraft" (δύναμις), die auf jeden Fall unpersönlich ist. Dies lässt an Jesus Christus lediglich die menschliche Natur übrig.

Samosata stützt sich trotz seines offenkundigen Widerspruchs zum Johannes-Prolog insbesondere auf Joh 17,3 („dich, den einzigen wahren Gott, zu erkennen und Jesus Christus, den du gesandt hast") sowie auf Joh 14,28 („denn der Vater ist größer als ich"). Ein Jahrhundert nach Samosata reiht sich beispielsweise auch

---

[9] 150: Konstantinopolitanisches Glaubensbekenntnis, in: Heinrich Denzinger / Peter Hünermann, Kompendium der Glaubensbekenntnisse und kirchlichen Lehrentscheidungen, Freiburg (Herder), 37, 1991, 381.
[10] Vgl. Monarchianismus in: Michael Buchberger / Josef Höfer / Karl Rahner, Lexikon für Theologie und Kirche, Freiburg (Herder), 2, 1962, Band 7, 534.
[11] Vgl. Bruckmann, Lehrbrief, 23.

Photinus, Bischof von Simium, in die Irrlehre des dynamischen Monarchianismus ein und behauptet, der johanneische Logos sei die unpersönliche Vernunft Gottes (des Vaters) und der Hl. Geist dessen ebenfalls unpersönliches Wirken, so dass allein der Vater personale Eigenschaft habe und infolgedessen Christus lediglich Mensch sei.

Das zentrale Argument des dynamischen Monarchianismus lautet, dass eine göttliche Natur der verschiedenen Personen Vater und Jesus Christus als Sohn zu einem unüberwindlichen Widerspruch mit dem Monotheismus führe, wie dies im übrigen auch der Koran feststellt (Sure 9,31): „Sie haben ihre Gelehrten und ihre Mönche zu Herren genommen außer Allah, sowie *al-Masīḥ ibna Maryam* (= Jesus Christus), wo ihnen doch nur befohlen worden ist, einem einzigen Gott zu dienen. Es gibt keinen Gott außer Ihm. Preis sei Ihm! Erhaben ist Er über das, was sie Ihm beigesellen."

Der dynamische Monarchianismus ist somit ein Beispiel für die Überdehnung des antiochenischen Logos-anthropos-Schemas zu einer Irrlehre, indem er besagt, Jesus Christus sei ausschließlich als Mensch zu sehen.

2   Die göttliche Natur Jesu Christi

2.1   Dogmatische Behandlung

Dass Jesus Christus ein Mensch war, bedarf angesichts der historischen Zeugnisse keiner eigenen Herleitung – ganz anders hingegen die Aussage des Glaubens, dass es sich bei ihm eben auch um Gott handelt. Analog zu dem vereinfachten Idealtypus der antiochenischen Schule im Hinblick auf die Menschlichkeit Jesu Christi lässt sich auch für seine Göttlichkeit eine christologische Traditionslinie benennen, und zwar die alexandrinische Schule.[12]

Hier bildet das sogenannte Logos-sarx-Schema den gedanklichen Kern, ausgehend von Johannes' „das Wort (λόγος) war Gott" (Joh 1,1) und „das Wort hat Fleisch (σάρξ) angenommen" (Joh 1,14). In diesem Glaubenssatz berühren sich Trinitätslehre und Christologie und führen, ausgehend von diesem Punkt, den grundlegenden Schriftbeweis, dass Jesus Christus Gottessohn und göttlicher Logos, also die zweite Person der Gottheit, ist.

Allein diese Lehrmeinung entspricht auch dem Selbstzeugnis Christi, der seine

---

[12] Vgl. Bruckmann, Lehrbrief, 22.

Gottessohnschaft nicht nur bei Johannes, sondern auch bei den Synoptikern unzweifelhaft einfordert, beispielsweise Mt 11,27: „Mir ist von meinem Vater alles übergeben worden; niemand kennt den Sohn, nur der Vater, und niemand kennt den Vater, nur der Sohn und der, dem es der Sohn offenbaren will." Für diese Wahrheit ist Jesus schließlich in den Tod gegangen, denn bei seinem Verhör durch den Hohenpriester Kaiphas antwortet er auf dessen Frage "Bist du der Messias, der Sohn Gottes?" (Mt 26,63) mit einem eindeutigen Ja.

Die antiochenische Schule legt dabei Wert auf den theologischen Begriff eines heiligen Tausches: Gottes Sohn wird Mensch, was im Gegenzug den Menschen der Erlösung überhaupt erst wert macht bis hin zur Vergöttlichung des Menschen selbst und seiner Teilhaftigkeit am Göttlichen.[13]

Der Hl. Athanasios der Große, Patriarch von Alexandrien im 4. Jahrhundert, steht stellvertretend für diesen Ansatz. Er war als Diakon Teilnehmer am Konzil von Nicäa (325), wo er sich offen gegen die Arianer aussprach, die er Zeit seines Lebens bekämpfte, da sie eine Unterordnung des Sohnes unter den Vater unterstellten (Subordinatianismus) und damit die für die frühe Kirchengeschichte und -politik wirkmächtigste Häresie überhaupt begründeten.

Athanasios hingegen beharrte darauf, dass alles, was der Vater ist, auch der Sohn ist, indem er die Einheit zwischen Menschheit und Gottheit in Jesus Christus betont.[14] Umstritten ist hingegen seine Haltung gegenüber der menschlichen Seele Jesu, wie das Logos-sarx-Schema der alexandrinischen Schule überhaupt dahingehend überstrapaziert wird, wenn man zu der irrigen Auffassung gelangt, die Inkarnation des Logos im Fleische habe die menschliche Seele Christi gleichermaßen verdrängt (Apollinarismus) und die göttliche und menschliche Natur in Jesus Christus sei ineinander verschmolzen und vermischt (Monophysitismus).

2.2 Die Überbetonung der Göttlichkeit Jesu Christi am Beispiel der Häresie des patripassianischem Monarchianismus

Noch weiter geht der Patripassianismus, der neben dem in 1.2 behandelten dynamischen Monarchianismus sich als die weniger bedeutsame, aber höherwertige Spielart des krassen Monarchianismus entwickelt hat, welche die Hypostase des Sohnes zwar gelten lässt, sie jedoch in derjenigen des Vaters aufgehen sieht, so dass der einpersönliche Gottvater sozusagen höchstpersönlich

---

[13] Vgl. Bruckmann, Lehrbrief, 22.
[14] Vgl. Athanasios der Große in: Buchberger / Höfer / Rahner, Lexikon für Theologie und Kirche, Band 1, 979.

in Christus Mensch geworden sei – und als solcher auch am Kreuz die Passion erlitten habe: Gott selbst sei als Mensch gefoltert und getötet worden, *pater passus est*, wie beispielsweise ein Noëtus von Smyrna oder ein Praxeas gegen Ende des zweiten Jahrhunderts vertreten.

Kennzeichnend für die Irrlehre des Praxeas ist die bereits angesprochene Verwischung zwischen Natur und Person, so dass die Einwesentlichkeit und Einpersönlichkeit Gottes zu der Festlegung führen, dass Gott als Vater Geist sei, „der aber Sohn heißt, insofern er menschliches Fleisch (ohne Seele) annahm; hierdurch hat der Vater sich selbst zum Sohne gemacht: *ipse se filium sibi fecit.* Christus ist folglich zwar wahrer Gott, aber nicht der Sohn Gottes. Weil Christus tatsächlich der fleischgewordene Vater ist, so hat der Vater im Sohne […] am Kreuze gelitten.“[15] Auch Praxeas beruft sich vornehmlich auf das vierte Evangelium, nämlich Joh 10,30 („Ich und der Vater sind eins“) sowie Joh 14,9 („Wer mich gesehen hat, hat den Vater gesehen“).

Die Patripassianer sind Monarchianisten, da sich auch für sie die Einheit der Gottheit nur aus der Einheit der Person ergibt. Doch für sie liegt der Ausweg nicht darin, die reine Menschlichkeit Jesu zu fordern, wie der dynamische Monarchianismus es tut, sondern, im Gegenteil, die Göttlichkeit Jesu zu absolutieren: Ihnen zufolge sei der Vater selbst aus der Jungfrau geboren. Nach Sabellios bezeichnen sie Gott als Vater, wenn es um die Schöpfung und Gesetzgebung geht, als Sohn, wenn es um die Menschwerdung und Erlösung geht, und als Geist, wenn es um die Gabe des göttlichen Lebens geht.[16]

3   Grundlegung im Glaubensbekenntnis der Alten Kirche

Die christologischen Auseinandersetzungen der frühen Jahrhunderte ergeben zwei Kategorien, nämlich Natur bzw. Wesen einerseits und Person bzw. Hypostase andererseits, um Jesus Christus als Gott und Mensch theologisch stringent beschreiben und in den Zusammenhang der Dreifaltigkeit einordnen zu können.[17] Vier große Konzilien bilden die Eckpunkte dieses Klärungsprozesses: Nizäa (325), Konstantinopel (381), Ephesus (431) und Chalkedon (451). Die Entwicklung weist auf eine von Mal zu Mal immer präziser werdende Klärung und Definition des

---

[15] Pohle / Gierens, Lehrbuch, 345.
[16] Vgl. Patripassianismus in: Buchberger / Höfer / Rahner, Lexikon für Theologie und Kirche, Band 8, 179
[17] Vgl. Müller, Katholische Dogmatik, 322.

Glaubensgutes hin, erzwungen durch Probleme, Auslassungen und Fehlinterpretationen des im jeweils vorangegangenen Konzil Erreichten. Am Schluss steht fest: In seiner göttlichen Natur ist der Sohn eines gleichen Wesens (όμοούσιος) mit dem Vater, und er hat menschliche Natur angenommen in Jesus Christus.

Diese sogenannte Homousie ist schon lange vor dem Konzil von Nizäa das dogmatische Schlüsselwort für die wahre Sohnschaft, die wahre Gottheit und die Wesensgleichheit mit dem Vater. In der Auseinandersetzung mit Arius durch das Konzil erlangt es dann zum ersten Mal grundlegende dogmatische Bedeutung: Der Sohn ist kein Geschöpf, sondern geht aus dem Vater durch Zeugung hervor und ist mit diesem eines Wesens im göttlichen Sein gemäß der beiden Personen gemeinsamen göttlichen Natur.

Daher lautet das Bekenntnis von Nizäa als eine der bedeutendsten Definitionen des christlichen Glaubens: „Wir glauben an den einen Gott, den Vater, den Allmächtigen, [...] und an den einen Herrn Jesus Christus, den Sohn Gottes, als Einziggeborener aus dem Vater gezeugt, das heißt aus dem Wesen des Vaters, Gott aus Gott, Licht aus Licht, wahrer Gott aus wahrem Gott, gezeugt, nicht geschaffen, wesensgleich dem Vater..."[18]

Gleichzeitig verwirft das Konzil die diesbezüglichen Irrlehren: „Die aber sagen: ‚Es gab einmal eine Zeit, als er nicht war', und ‚Bevor er gezeugt wurde, war er nicht', und ‚Er ist aus nichts geworden', oder die sagen, der Sohn Gottes sei aus einer anderen Hypostase oder Wesenheit, oder er sei geschaffen oder wandelbar oder veränderlich, diese belegt die katholische Kirche mit dem Anathema."[19]

Während Nizäa die beiden Begriffe Wesen und Hypostase noch synonym verwendet, erarbeiten die sogenannten drei Kappadokier Basilios von Caesarea, Gregor von Nyssa und Gregor von Nazianz die Unterscheidung von Wesen/Natur einerseits und Hypostase/Person andererseits.[20] Dies erlaubt dem Konzil von Konstantinopel ein grundlegendes Bekenntnis auch zum Heiligen Geist als dritte Person bzw. Hypostase:

Der Sohn ist aus Heiligem Geist und Maria, der Jungfrau, Fleisch geworden. Der Heilige Geist selbst ist der „Herr und Lebensspender, der aus dem Vater hervorgeht, der mit dem Vater und dem Sohne mitangebetet und mitverherrlicht

---

[18] Denzinger / Hünermann, Kompendium, 125, 62f.
[19] Denzinger / Hünermann, Kompendium, 126, 64.
[20] Vgl. Bruckmann, Lehrbrief, 30.

wird, der durch die Propheten gesprochen hat."[21]

Während die Trinitätslehre somit die Einheit im göttlichen Wesen und die Verschiedenheit in der Person sieht, behandelt die Christologie die Einheit in der Person des Sohnes, des Logos, und die Verschiedenheit in dessen Naturen als Mensch und Gott.[22] Dies aber wirft die von der Häresie der Nestorianer formulierte Frage auf, ob Maria nur den Menschen Jesus oder tatsächlich Gott selbst geboren habe und somit als Gottesgebärerin (θεοτόκος) bezeichnet werden dürfe, wie es das Konzil von Ephesus schließlich bestätigt. Der Nestorianismus führt im positiven Sinne jedoch auch zu der Klarstellung, dass die beiden Naturen Christi keineswegs als Vermischung im Sinne einer Synthese verstanden werden dürfen, sondern die Einheit auf der Ebene der Person zu suchen ist.[23]

In diesem Sinne werden mit der sogenannten Einigungsformel die noch zwei Jahre nach Ephesus fortdauernden Unklarheiten schließlich mit einem Briefwechsel zwischen Kyrill von Alexandrien und den Bischöfen der Kirche von Antiochien ausgeräumt und durch Papst Xystus III bestätigt sowie die Resultate von Nizäa und Konstantinopel auch noch einmal bekräftigt:

„Wir bekennen also, daß unser Herr Jesus Christus, der einziggeborene Sohn Gottes, vollkommener Mensch aus vernunftbegabter Seele und Leib, vor den Zeiten der Gottheit nach aus dem Vater gezeugt wurde, am Ende der Tage aber unsertwegen und um unseres Heils willen der Menschheit nach aus Maria, der Jungfrau, geboren wurde, daß derselbe wesensgleich ist dem Vater der Gottheit nach und wesensgleich uns der Menschheit nach. Denn es geschah die Einung zweier Naturen; deshalb bekennen wir den einen Christus, den einen Sohn, den einen Herrn. Entsprechend diesem Verständnis von der unvermischten Einung bekennen wir die heilige Jungfrau als Gottesgebärerin, weil Gott, das Wort, Fleisch und Mensch geworden ist und schon von der Empfängnis an den Tempel, den er aus ihr empfing, mit sich geeint hat."[24]

Damit ist im Grunde auch der oben angesprochene Dissens zwischen den alexandrinischen und antiochenischen Schulen überholt. Die Frage, ob Christus nicht doch nur göttlicher Natur sei, bricht jedoch aus politischen Gründen nach Ephesus ein letztes Mal auf und verlangt erneute Klarstellung, die 449 durch einen Brief des Papstes Leo des Großen an Flavian, den Patriarchen von

---

[21] Denzinger / Hünermann, Kompendium, 150, 84f.
[22] Vgl. Bruckmann, Lehrbrief, 41.
[23] Vgl. Bruckmann, Lehrbrief, 43.
[24] Denzinger / Hünermann, Kompendium, 272, 130.

Konstantinopel, und 451 durch das Konzil von Chalkedon abschließend erfolgt. Leo wiederholt, dass der Logos menschliche Natur annimmt, um die Menschheit zu erlösen, da nur erlöst werden kann, was angenommen wird.[25] Umgangssprachlich gesagt: Die Vermenschlichung Gottes ermöglicht die Vergöttlichung des Menschen. Der Mittler ist Jesus Christus, wahrer Gott und wahrer Mensch, von dem gesagt werden kann, „dass er unsterblich und unveränderlich ist, als auch, dass er gelitten hat und gestorben ist."[26]

Chalkedon schließlich liefert in einem ausführlichen Lehrsatz die abschließende und autoritative Interpretation des Glaubensbekenntnisses von Nizäa und Konstantinopel mit einer geradezu auffälligen Wiederholung von τὸν αὐτὸν zur Betonung der beiden Naturen in derselben Person:

„Wir folgen den heiligen Vätern und lehren alle einstimmig, (es ist) zu bekennen: ein und derselbe Sohn, unser Herr Jesus Christus,

— vollkommen derselbe in (der) Gottheit und vollkommen derselbe in (der) Menschheit,

— wahrhaft Gott und wahrhaft Mensch derselbe aus Geistseele und Leib,

— wesensgleich dem Vater der Gottheit nach und wesensgleich uns derselbe der Menschheit nach, 'in allem uns gleich, außer der Sünde' (Hebr 4,15),

— vor aller Ewigkeit aus dem Vater geboren der Gottheit nach, in den letzten Tagen aber derselbe unseretwegen und um unseres Heiles willen von Maria, der Jungfrau und Gottesgebärerin, der Menschheit nach; ein und derselbe Christus, Sohn, Herr, Einziggeborener,

— in zwei Naturen unvermischt, unverwandelt, ungetrennt, ungesondert erkennbar, niemals wird der Unterschied der Naturen aufgehoben der Einheit wegen, vielmehr wird gewahrt die Eigenheit jeder der beiden Naturen,

— und kommt zusammen zu einer Person und einer Hypostase (Subjekt); er wird nicht in zwei Personen getrennt oder auseinandergerissen, sondern (ist) ein und derselbe Sohn, Gott, Logos, (der) Herr Jesus Christus."[27]

---

[25] Vgl. Bruckmann, Lehrbrief, 49.
[26] Bruckmann, Lehrbrief, 50.
[27] Übersetzung bei: Lothar Ullrich, Chalkedon als Ende und Anfang, Vorlesung an der Päpstlichen Theologischen Akademie Krakau, 1984, https://core.ac.uk/download/pdf/299330306.pdf (18.03.2021)

C Schluss

Das gläubige Bekenntnis zu Jesus von Nazareth als dem eingeborenen Sohn Gottes und auferstandenen Christus trifft in der Zeit der frühen Kirche auf den für die hellenistische Kultur maßgeblichen Anspruch der Vernunft. Der christliche Glaube wäre nach nur wenigen Generationen erloschen, wenn er vor diesem Anspruch nicht bestanden hätte. Die Vielfalt der dogmatischen und häretischen Entwicklungen jener Zeit ist nur aus dieser historischen Begegnung des Glaubens mit der Vernunft zu verstehen (in die sich dann freilich auch eine gehörige Portion Politik, Streit und Konflikt vermengt hat).

„Die Väter von damals haben die Übersetzung der biblischen Sprache in eine ontologische Terminologie gewagt – weil anders für ihre Zeit das biblische *Kerygma* nicht zu klären und festzuhalten war."[28] Das Kerygma, die autoritative Rede vom Glauben, liegt mit Beginn der Verkündigung von Jesu Gottessohnschaft durch ihn selbst vor und ist getreulich in den Evangelien überliefert. Doch von da an geht es darum, dass dieser Glaube an den dreieinigen Gott und seinen menschgewordenen Sohn sich auch denjenigen als vernunftgemäß erweist, die nicht die Gnade hatten, Jesu Charisma, seine Wunder, sein Auftreten und Wirken leibhaftig mitzuerleben oder aus erster Hand durch die Apostel zu erfahren.

Mit dem reichhaltigen Instrumentarium der Philosophie ist man besonders im geographischen Osten des frühchristlichen Glaubensraums beherzt an die Sache herangegangen und hat über Jahrhunderte hinweg eine faszinierende, geisteswissenschaftlich überaus beeindruckende und im Grunde auch denklogisch vollständige Reihe von Thesen und Antithesen entwickelt, aus deren Abgleich sich nach und nach das *depositum fidei* herausgeschält hat. Das dogmatische Lehrgebäude, welches uns durch die Tradition geschenkt ist, wäre ohne die Häresien der frühen Jahrhunderte wohl kaum entstanden. Der katholische Glaube mag die komplizierteste Religion der Welt sein – im Gegenzug ist sie jedoch auch die am meisten von Philosophie und Vernunft durchtränkte.

Diese Arbeit hatte das christologische Dogma der göttlichen und menschlichen Natur Jesu Christi zum Gegenstand, das, wenn man eine der beiden Naturen übersteigert oder als ausschließlich setzt, heute nicht weniger als in früheren Zeiten Gefahr läuft, vom wahren Glauben abzuweichen. Dieser Gefahr begegnet die Kirche jedoch auf dem sicheren Boden des Symbolums, des Bekenntnisses

---

[28] Alois Grillmeier, Mit ihm und in ihm - Christologische Forschungen und Perspektiven, Freiburg (Herder) 1975, 370.

des christlichen Glaubens, wie es in den geistigen Stürmen der frühen Jahrhunderte geschliffen worden ist.

Nun liegt es an uns, zu unserem Seelenheil und demjenigen aller nachfolgenden Generationen an diesem Glaubensbekenntnis festzuhalten, indem wir es zu verstehen suchen – und es immer besser zu verstehen, indem wir daran festhalten gegen alle inneren und äußeren Anfechtungen unserer Zeit.

Gleichberechtigt stehen zwei Behauptungen neben- und nicht gegeneinander: Die der wahren Gottheit des Logos, der uns in Jesus von Nazareth begegnet – und die der wahren Menschheit Jesu, die nicht möglich wäre ohne einen menschlichen Leib und eine vernunftbegabte und mit einem freien Willen ausgestattete menschliche Seele.

Literaturverzeichnis

Hl. Thomas von Aquin, Summa Theologica, Volumen Primum, Rom (Italici Senatus), 1886.

Florian Bruckmann, Das Bekenntnis zu Christus im Kontext des Trinitätsglaubens (Lehrbrief 11), Würzburg, 2017.

Michael Buchberger / Josef Höfer / Karl Rahner, Lexikon für Theologie und Kirche, Freiburg (Herder), 2, 1962.

Heinrich Denzinger / Peter Hünermann, Kompendium der Glaubensbekenntnisse und kirchlichen Lehrentscheidungen, Freiburg (Herder), 37, 1991.

Alois Grillmeier, Mit ihm und in ihm - Christologische Forschungen und Perspektiven, Freiburg (Herder), 1975.

Gall Morel, Offenbarungen der Schwester Mechthild von Magdeburg, Darmstadt (Wissenschaftliche Buchgesellschaft), 1980.

Gerhard Ludwig Müller, Katholische Dogmatik, Freiburg (Herder), 8, 2010.

Joseph Pohle / Michael Gierens, Lehrbuch der Dogmatik, I. Band, Paderborn (Schöningh), 9, 1936.

Karl Rahner / Herbert Vorgrimler, Kleines Konzilskompendium, Freiburg (Herder), 23, 1991.